AF234666

Impressum
Verlag: BABADADA GmbH, Nedderfeld 112 , 22529 Hamburg
Geschäftsführer / Verlagsleitung: Harald Hof
Druck: Books on Demand GmbH, In de Tarpen 42, 22848 Norderstedt

Imprint
Publisher: BABADADA GmbH, Nedderfeld 112 , 22529 Hamburg, Germany
Managing Director / Publishing direction: Harald Hof
Print: Books on Demand GmbH, In de Tarpen 42, 22848 Norderstedt, Germany

教室
das Klassenzimmer

除
dividieren

186/2

黑板
die Tafel

校园
der Schulhof

老师
der Lehrer

纸
das Papier

书写
schreiben

钢笔
der Stift

办公桌
der Schreibtisch

直尺
das Lineal

书
das Buch

学生
die Schüler

书包
der Ranzen

铅笔盒
die Federmappe

铅笔
der Bleistift

卷笔刀
der Bleistiftanspitzer

橡皮擦
das Radiergummi

画板
der Zeichenblock

图画
die Zeichnung

画笔
der Pinsel

颜料盒
der Malkasten

剪刀
die Schere

胶水
der Klebstoff

练习册
das Übungsheft

家庭作业
die Hausaufgabe

数字
die Zahl

加
addieren

减
subtrahieren

乘
multiplizieren

计算
rechnen

字母
der Buchstabe

字母表
das Alphabet

字
das Wort

课文

der Text

读

lesen

粉笔

die Kreide

上课

die Stunde

登记

das Klassenbuch

考试

die Prüfung

证书

das Zeugnis

校服

die Schuluniform

教育

die Ausbildung

百科全书

das Lexikon

大学

die Universität

显微镜

das Mikroskop

地图

die Karte

废纸筐

der Papierkorb

酒店
das Hotel

青年旅社
die Herberge

外币兑换处
die Wechselstube

手提箱
der Koffer

汽车
das Auto

语言
die Sprache

是/否
ja / nein

好的
Okay

您好
Hallo

翻译员
der Übersetzer

谢谢
Danke

……多少钱？

Was kostet…?

我不明白

Ich verstehe nicht

问题

das Problem

晚上好！

Guten Abend!

早上好！

Guten Morgen!

晚安！

Gute Nacht!

再见

Auf Wiedersehen

方向

die Richtung

行李

das Gepäck

包

die Tasche

双肩包

der Rucksack

客人

der Gast

房间

das Zimmer

睡袋

der Schlafsack

帐篷

das Zelt

旅游信息

die Touristeninformation

海滩

der Strand

信用卡

die Kreditkarte

早餐

das Frühstück

午餐

das Mittagessen

晚餐

das Abendessen

票

die Fahrkarte

电梯

der Fahrstuhl

邮票

die Briefmarke

边界

die Grenze

海关

der Zoll

大使馆

die Botschaft

签证

das Visum

护照

der Pass

飞机
das Flugzeug

船
das Schiff

消防车
das Feuerwehrauto

公交车
der Bus

卡车
der Lastwagen

自行车
das Fahrrad

汽艇
das Motorboot

汽车
das Auto

摆渡船

die Fähre

小船

das Boot

摩托车

das Motorrad

警车

das Polizeiauto

赛车

das Rennauto

租车

der Mietwagen

拼车

das Carsharing

拖车

der Abschleppwagen

垃圾车

das Müllauto

发动机

der Motor

汽油

der Kraftstoff

加油站

die Tankstelle

交通标志

das Verkehrsschild

交通

der Verkehr

交通堵塞

der Stau

停车场

der Parkplatz

火车站

der Bahnhof

轨道

die Schienen

火车

der Zug

电车

die Straßenbahn

货车

der Wagon

直升机
der Helikopter

机场
der Flughafen

塔
der Tower

乘客
der Passagier

集装箱
der Container

纸板箱
der Karton

手推车
der Karren

篮子
der Korb

起飞/降落
starten / landen

城市
die Stadt

村庄
das Dorf

市中心
das Stadtzentrum

房子
das Haus

电影院
das Kino

广告
die Werbung

路灯
die Straßenlaterne

街道
die Straße

出租车
das Taxi

小吃店
der Kiosk

行人
der Fußgänger

人行道
der Bürgersteig

十字路口
die Kreuzung

斑马线
der Zebrastreifen

垃圾箱
die Mülltonne

红绿灯
die Ampel

小屋
die Hütte

公寓
die Wohnung

火车站
der Bahnhof

市政厅
das Rathaus

博物馆
das Museum

学校
die Schule

大学

die Universität

银行

die Bank

医院

das Krankenhaus

酒店

das Hotel

药房

die Apotheke

办公室

das Büro

书店

die Buchhandlung

商店

das Geschäft

花店

der Blumenladen

超市

der Supermarkt

市场

der Markt

百货商店

das Kaufhaus

鱼店

der Fischhändler

购物中心

das Einkaufszentrum

海港

der Hafen

公园

der Park

长凳

die Bank

桥

die Brücke

楼梯

die Treppe

地铁

die U-Bahn

隧道

der Tunnel

公交车站

die Bushaltestelle

酒吧

die Bar

餐馆

das Restaurant

邮筒

der Briefkasten

路标

das Straßenschild

停车计时器

die Parkuhr

动物园

der Zoo

游泳馆

die Badeanstalt

清真寺

die Moschee

城市 - die Stadt

13

农场

der Bauernhof

污染

die Umweltverschmutzung

基地

der Friedhof

教堂

die Kirche

操场

der Spielplatz

寺庙

der Tempel

地形

die Landschaft

树叶
das Blatt

指示牌
der Wegweiser

路
der Weg

草地
die Wiese

石头
der Stein

树
der Baum

徒步旅行者
der Wanderer

河
der Fluss

草
das Gras

花
die Blume

峡谷

das Tal

山

der Berg

湖

der See

森林

der Wald

沙漠

die Wüste

火山

der Vulkan

城堡

das Schloss

彩虹

der Regenbogen

蘑菇

der Pilz

棕榈树

die Palme

蚊子

der Moskito

苍蝇

die Fliege

蚂蚁

die Ameise

蜜蜂

die Biene

蜘蛛

die Spinne

甲虫

der Käfer

青蛙

der Frosch

松鼠

das Eichhörnchen

刺猬

der Igel

野兔

der Hase

猫头鹰

die Eule

鸟

die Vogel

天鹅

der Schwan

野猪

das Wildschwein

鹿

der Hirsch

麋鹿

der Elch

水坝

der Staudamm

风力发电机

das Windrad

太阳能电池板

das Solarmodul

气候

das Klima

服务员
der Kellner

菜单
die Speisekarte

椅子
der Stuhl

汤
die Suppe

披萨饼
die Pizza

餐具
das Besteck

桌布
die Tischdecke

前菜
die Vorspeise

主菜
das Hauptgericht

甜点
die Nachspeise

饮料
die Getränke

食物
das Essen

瓶子
die Flasche

快餐
das Fastfood

街边小吃
das Streetfood

茶壶
die Teekanne

糖盒
die Zuckerdose

一份饭菜
die Portion

意式咖啡机
die Espressomaschine

高脚椅
der Hochstuhl

账单
die Rechnung

托盘
das Tablett

刀
das Messer

餐叉
die Gabel

勺子
der Löffel

茶匙
der Teelöffel

餐巾
die Serviette

玻璃杯
das Glas

碟子
der Teller

汤盘
der Suppenteller

碟子
die Untertasse

酱
die Sauce

盐瓶
der Salzstreuer

胡椒磨
die Pfeffermühle

醋
der Essig

食用油
das Öl

调味料
die Gewürze

番茄酱
das Ketchup

芥末
der Senf

蛋黄酱
die Mayonnaise

特价
das Angebot

顾客
der Kunde

乳制品
die Milchprodukte

水果
das Obst

购物车
der Einkaufswagen

肉铺
die Schlachterei

面包房
die Bäckerei

称重
wiegen

蔬菜
das Gemüse

肉
das Fleisch

冷冻食品
die Tiefkühlkost

冷盘

der Aufschnitt

罐头食品

die Konserven

洗衣粉

das Waschmittel

甜食

die Süßigkeiten

日用品

die Haushaltsartikel

清洁用品

das Reinigungsmittel

销售员

die Verkäuferin

收银机

die Kasse

收银员

der Kassierer

购物清单

die Einkaufsliste

开放时间

die Öffnungszeiten

钱包

die Brieftasche

信用卡

die Kreditkarte

袋子

die Tasche

塑料袋

die Plastiktüte

水

das Wasser

果汁

der Saft

牛奶

die Milch

可乐

die Cola

红酒

der Wein

啤酒

das Bier

酒

der Alkohol

可可

der Kakao

茶

der Tee

咖啡

der Kaffee

意式浓缩咖啡

der Espresso

卡布奇诺

der Cappuccino

香蕉

die Banane

苹果

der Apfel

橙子

die Orange

西瓜

die Melone

柠檬

die Zitrone

胡萝卜

die Karotte

大蒜

der Knoblauch

竹子

der Bambus

洋葱

die Zwiebel

蘑菇

der Pilz

坚果

die Nüsse

面条

die Nudeln

意大利面条
die Spaghetti

米饭
der Reis

沙拉
der Salat

薯条
die Pommes frites

炸土豆
die Bratkartoffeln

披萨饼
die Pizza

汉堡包
der Hamburger

三明治
das Sandwich

炸猪排
das Schnitzel

火腿
der Schinken

萨拉米
die Salami

香肠
die Wurst

鸡肉
das Huhn

烤肉
der Braten

鱼
der Fisch

燕麦片
die Haferflocken

穆兹利
das Müsli

玉米片
die Cornflakes

面粉
das Mehl

羊角面包
das Croissant

面包卷
das Brötchen

面包
das Brot

烤面包
der Toast

饼干
die Kekse

黄油
die Butter

凝乳
der Quark

蛋糕
der Kuchen

蛋
das Ei

煎蛋
das Spiegelei

奶酪
der Käse

冰激凌

die Eiscreme

糖

der Zucker

蜂蜜

der Honig

果酱

die Marmelade

巧克力酱

die Nougat-Creme

咖喱饭

das Curry

农舍
das Bauernhaus

粮仓
die Scheune

稻草捆
der Strohballen

田野
das Feld

马
das Pferd

拖车
der Anhänger

马驹
das Fohlen

拖拉机
der Traktor

驴
der Esel

羔羊
das Lamm

羊
das Schaf

山羊
die Ziege

奶牛
die Kuh

牛犊
das Kalb

猪
das Schwein

小猪
das Ferkel

公牛
der Bulle

鹅

die Gans

鸭

die Ente

小鸡

das Küken

母鸡

das Huhn

公鸡

der Hahn

鼠

die Ratte

猫

die Katze

老鼠

die Maus

牛

der Ochse

狗

der Hund

狗屋

die Hundehütte

花园浇水软管

der Gartenschlauch

洒水壶

die Gießkanne

长柄大镰刀

die Sense

犁

der Pflug

镰刀

die Sichel

锄头

die Hacke

长柄草耙

die Mistgabel

斧头

die Axt

独轮手推车

die Schubkarre

饲料槽

der Trog

牛奶罐

die Milchkanne

麻布袋

der Sack

栅栏

der Zaun

马厩

der Stall

温室

das Treibhaus

土壤

der Boden

种子

die Saat

肥料

der Dünger

联合收割机

der Mähdrescher

收割

ernten

收割

die Ernte

山药

die Yamswurzel

小麦

der Weizen

大豆

das Soja

土豆

die Kartoffel

玉米

der Mais

油菜籽

der Raps

果树

der Obstbaum

树薯

der Maniok

谷物

das Getreide

烟囱
der Schornstein

屋顶
das Dach

落水管
die Regenrinne

窗户
das Fenster

车库
die Garage

门铃
die Klingel

门
die Tür

垃圾桶
der Mülleimer

信箱
der Briefkasten

花园
der Garten

客厅
das Wohnzimmer

浴室
das Badezimmer

厨房
die Küche

卧室
das Schlafzimmer

儿童房
das Kinderzimmer

餐厅
das Esszimmer

地板

der Boden

墙壁

die Wand

吊顶

die Decke

地窖

der Keller

桑拿

die Sauna

阳台

der Balkon

露台

die Terrasse

游泳池

das Schwimmbad

割草机

der Rasenmäher

被单

der Bettbezug

床罩

die Bettdecke

床

das Bett

扫帚

der Besen

水桶

der Eimer

开关

der Schalter

壁纸
die Tapete

照片
das Bild

台灯
die Lampe

搁架
das Regal

橱柜
der Schrank

电视机
der Fernseher

壁炉
der Kamin

花
die Blume

垫子
das Kissen

花瓶
die Vase

沙发
das Sofa

遥控器
die Fernbedienung

地毯
der Teppich

窗帘
der Vorhang

餐桌
der Tisch

椅子
der Stuhl

摇椅
der Schaukelstuhl

扶手椅
der Sessel

书
....
das Buch

毯子
....
die Decke

装饰品
....
die Dekoration

木柴
....
das Feuerholz

电影
....
der Film

高保真音响
....
die Stereoanlage

钥匙
....
der Schlüssel

报纸
....
die Zeitung

油画
....
das Gemälde

海报
....
das Poster

收音机
....
das Radio

笔记本
....
der Notizblock

吸尘器
....
der Staubsauger

仙人掌
....
der Kaktus

蜡烛
....
die Kerze

厨房
der Kühlschrank

微波炉
die Mikrowelle

厨房秤
die Küchenwaage

烤面包机
der Toaster

洗洁精
das Reinigungsmittel

烤箱
der Backofen

冰柜
das Gefrierfach

垃圾桶
der Mülleimer

洗碗机
der Geschirrspüler

炊具
der Herd

锅
der Topf

铸铁锅
der Eisentopf

炒锅
der Wok / Kadai

平底锅
die Pfanne

水壶
der Wasserkocher

蒸锅

der Dampfgarer

烤盘

das Backblech

陶瓷锅

das Geschirr

马克杯

der Becher

碗

die Schale

筷子

die Essstäbchen

长柄勺

die Suppenkelle

铲子

der Pfannenwender

搅拌器

der Schneebesen

滤网

das Kochsieb

筛子

das Sieb

磨碎机

die Reibe

研钵

der Mörser

烧烤

der Grill

明火

die Feuerstelle

菜板

das Schneidebrett

擀面杖

das Nudelholz

开瓶器

der Korkenzieher

罐子

die Dose

开罐器

der Dosenöffner

隔热手套

der Topflappen

水槽

das Waschbecken

刷子

die Bürste

海绵

der Schwamm

搅拌机

der Mixer

冷藏箱

die Gefriertruhe

奶瓶

die Babyflasche

水龙头

der Wasserhahn

淋浴
die Dusche

供暖设备
die Heizung

毛巾
das Handtuch

浴帘
der Duschvorhang

泡沫浴
das Schaumbad

浴缸
die Badewanne

玻璃杯
das Glas

洗衣机
die Waschmaschine

瓷砖
die Fliesen

水龙头
der Wasserhahn

便壶
das Töpfchen

水槽
das Waschbecken

厕所
die Toilette

蹲便器
die Hocktoilette

坐浴器
das Bidet

小便池
das Pissoir

厕纸
das Toilettenpapier

马桶刷
die Toilettenbürste

牙刷

die Zahnbürste

牙膏

die Zahnpasta

牙线

die Zahnseide

洗

waschen

手持式喷淋头

die Handbrause

冲洗器

die Intimdusche

洗脸盆

die Waschschüssel

擦背刷

die Rückenbürste

肥皂

die Seife

沐浴露

das Duschgel

洗发水

das Shampoo

法兰绒

der Waschlappen

排水

der Abfluss

乳霜

die Creme

除臭剂

das Deodorant

浴室 - das Badezimmer

镜子

der Spiegel

手镜

der Kosmetikspiegel

剃须刀

der Rasierer

剃须泡沫

der Rasierschaum

须后水

das Rasierwasser

梳子

der Kamm

刷子

die Bürste

吹风机

der Föhn

喷发定型剂

das Haarspray

化妆品

das Makeup

唇膏

der Lippenstift

指甲油

der Nagellack

化妆棉

die Watte

指甲剪

die Nagelschere

香水

das Parfum

洗漱包

der Kulturbeutel

凳子

der Hocker

计重秤

die Waage

浴袍

der Bademantel

橡胶手套

die Gummihandschuhe

卫生棉条

das Tampon

卫生巾

die Damenbinde

化学厕所

die Chemietoilette

闹钟
der Wecker

毛绒玩具
das Kuscheltier

玩具车
das Spielzeugauto

玩具屋
das Puppenhaus

礼物
das Geschenk

拨浪鼓
die Rassel

气球
der Ballon

床
das Bett

（洋娃娃用）婴儿车
der Kinderwagen

扑克牌
das Kartenspiel

拼图
das Puzzle

漫画
der Comic

乐高积木

die Legosteine

积木玩具

die Bausteine

玩具人

die Action Figur

婴儿服

der Strampelanzug

飞盘

das Frisbee

床铃玩具

das Mobile

棋盘游戏

das Brettspiel

骰子

der Würfel

火车模型

die Modelleisenbahn

安抚奶嘴

der Schnuller

聚会

die Party

绘本

das Bilderbuch

球

der Ball

洋娃娃

die Puppe

玩

spielen

沙坑

der Sandkasten

秋千

die Schaukel

玩具

das Spielzeug

游戏机

die Spielkonsole

三轮车

das Dreirad

泰迪熊

der Teddy

衣柜

der Kleiderschrank

衣服
die Kleidung

袜子

die Socken

长袜

die Strümpfe

紧身裤

die Strumpfhose

围巾
der Schal

雨伞
der Regenschirm

T恤
das T-Shirt

皮带
der Gürtel

靴子
der Stiefel

拖鞋
die Hausschuhe

运动鞋
die Turnschuhe

凉鞋
die Sandalen

鞋
die Schuhe

雨靴
die Gummistiefel

内裤
die Unterhose

胸罩
der Büstenhalter

背心
das Unterhemd

衣服 - die Kleidung

身体

der Body

裤子

die Hose

牛仔裤

die Jeans

短裙

der Rock

女式衬衫

die Bluse

衬衫

das Hemd

套头衫

der Pullover

卫衣

der Kapuzenpullover

西装夹克

der Blazer

夹克

die Jacke

外套

der Mantel

雨衣

der Regenmantel

套装

das Kostüm

连衣裙

das Kleid

婚纱

das Hochzeitskleid

西装
der Anzug

睡袍
das Nachthemd

睡衣
der Schlafanzug

莎丽
der Sari

头巾
das Kopftuch

包头巾
der Turban

波卡
die Burka

卡夫坦
der Kaftan

(阿拉伯式)长袍长袍
die Abaya

泳衣
der Badeanzug

男式泳裤
die Badehose

短裤
die kurze Hose

运动服
der Trainingsanzug

围裙
die Schürze

手套
die Handschuhe

衣服 - die Kleidung

纽扣

der Knopf

眼镜

die Brille

手链

das Armband

项链

die Halskette

戒指

der Ring

耳环

der Ohrring

便帽

die Mütze

衣架

der Kleiderbügel

帽子

der Hut

领带

die Krawatte

拉链

der Reißverschluss

头盔

der Helm

背带

der Hosenträger

校服

die Schuluniform

制服

die Uniform

围兜
das Lätzchen

安抚奶嘴
der Schnuller

尿不湿
die Windel

服务器
der Server

文件柜
der Aktenschrank

打印机
der Drucker

显示屏
der Monitor

纸
das Papier

办公桌
der Schreibtisch

鼠标
die Maus

文件夹
der Ordner

键盘
die Tastatur

废纸篓
der Papierkorb

电脑
der Computer

椅子
der Stuhl

咖啡杯
der Kaffeebecher

计算器
der Taschenrechner

因特网
das Internet

笔记本电脑

der Laptop

信件

der Brief

消息

die Nachricht

手机

das Handy

网络

das Netzwerk

复印机

der Kopierer

软件

die Software

电话

das Telefon

插座

die Steckdose

传真机

das Fax

表格

das Formular

文件

das Dokument

die Wirtschaft

买
kaufen

付钱
bezahlen

交易
handeln

现金
das Geld

美元
der Dollar

欧元
der Euro

日元
der Yen

卢布
der Rubel

瑞士法郎
der Franken

人民币
der Renminbi Yuan

卢比
die Rupie

提款处
der Geldautomat

外币兑换处
die Wechselstube

金
das Gold

银
das Silber

石油
das Öl

能源
die Energie

价格
der Preis

合同
der Vertrag

税金
die Steuer

股票
die Aktie

工作
arbeiten

职员
der Angestellte

老板
der Arbeitgeber

工厂
die Fabrik

商店
das Geschäft

警官
der Polizist

消防员
▶ der Feuerwehrmann

厨师
der Koch

医生
der Arzt

飞行员
der Pilot

园丁
der Gärtner

木匠
der Tischler

裁缝
die Näherin

法官
der Richter

化学家
der Chemiker

演员
der Schauspieler

公交车司机

der Busfahrer

出租车司机

der Taxifahrer

渔夫

der Fischer

清洁女工

die Putzfrau

屋顶工

der Dachdecker

服务员

der Kellner

猎人

der Jäger

画家

der Maler

面包师

der Bäcker

电工

der Elektriker

建筑工人

der Bauarbeiter

工程师

der Ingenieur

屠夫

der Schlachter

水管工

der Klempner

邮递员

der Postbote

士兵

der Soldat

建筑师

der Architekt

收银员

der Kassierer

花农

der Florist

理发师

der Friseur

售票员

der Schaffner

机械师

der Mechaniker

船长

der Kapitän

牙医

der Zahnarzt

科学家

der Wissenschaftler

拉比

der Rabbi

伊玛目

der Imam

和尚

der Mönch

牧师

der Geistliche

铁锤
der Hammer

钳子
die Zange

螺丝刀
der Schraubendreher

扳手
der Schraubenschlüssel

手电筒
die Taschenlam

挖掘机
der Bagger

工具箱
der Werkzeugkasten

梯子
die Leiter

锯子
die Säge

钉子
die Nägel

钻机
der Bohrer

修
reparieren

铲子
die Schaufel

靠！
Mist!

簸箕
das Kehrblech

油漆桶
der Farbtopf

螺丝
die Schrauben

乐器
die Musikinstrumente

打击乐器
das Schlagzeug

扬声器
der Lautsprecher

吉他
die Gitarre

低音提琴
der Kontrabass

小号
die Trompete

钢琴

das Klavier

小提琴

die Violine

贝斯

der Bass

定音鼓

die Pauke

鼓

die Trommeln

电子琴

das Keyboard

萨克斯管

das Saxophon

长笛

die Flöte

麦克风

das Mikrofon

入口
der Eingang

老虎
der Tiger

笼子
der Käfig

斑马
das Zebra

动物饲料
das Tierfutter

熊猫
der Panda

动物
die Tiere

大象
der Elefant

袋鼠
das Känguruh

犀牛
das Nashorn

大猩猩
der Gorilla

熊
der Bär

骆驼

das Kamel

鸵鸟

der Strauß

狮子

der Löwe

猴子

der Affe

火烈鸟

der Flamingo

鹦鹉

der Papagei

北极熊

der Eisbär

企鹅

der Pinguin

鲨鱼

der Hai

孔雀

der Pfau

蛇

die Schlange

鳄鱼

das Krokodil

动物园管理员

der Zoowärter

海豹

die Robbe

美洲豹

der Jaguar

矮种马

das Pony

豹

der Leopard

河马

das Nilpferd

长颈鹿

die Giraffe

老鹰

der Adler

野猪

das Wildschwein

鱼

der Fisch

龟

die Schildkröte

海象

das Walross

狐狸

der Fuchs

羚羊

die Gazelle

橄榄球
das American Football

骑自行车
das Radfahren

网球
das Tennis

篮球
der Basketball

游泳
das Schwimmen

冰球
das Eishockey

拳击
das Boxen

英式足球
der Fußball

羽毛球
das Badminton

田径
die Leichtathletik

手球
der Handball

滑雪
das Skilaufen

马球
das Polo

跳
springen

拥抱
umarmen

笑
lachen

走路
gehen

唱
singen

祈祷
beten

亲吻
küssen

做梦
träumen

书写

schreiben

画

zeichnen

展示

zeigen

推

drücken

给

geben

拿

nehmen

有

haben

做

tun

当

sein

站

stehen

跑

laufen

拉

ziehen

扔

werfen

摔倒

fallen

躺

liegen

等待

warten

携带

tragen

坐

sitzen

穿衣

anziehen

睡觉

schlafen

醒来

aufwachen

看
ansehen

哭
weinen

抚摸
streicheln

梳头
kämmen

交谈
reden

明白
verstehen

问
fragen

听
hören

喝
trinken

吃
essen

清理
aufräumen

爱
lieben

做饭
kochen

开车
fahren

飞
fliegen

航行

segeln

计算

rechnen

读

lesen

学习

lernen

工作

arbeiten

结婚

heiraten

缝

nähen

刷牙

Zähne putzen

杀

töten

抽烟

rauchen

寄

senden

die Familie

母
Großmutter

祖父
der Großvater

父亲
der Vater

母亲
die Mutter

婴童
das Baby

女儿
die Tochter

儿子
der Sohn

客人
der Gast

阿姨
die Tante

叔叔
der Onkel

兄弟
der Bruder

姐妹
die Schwester

前额
die Stirn

眼睛
das Auge

肩膀
die Schulter

手指
der Finger

脸
das Gesicht

下巴
das Kinn

手
die Hand

乳房
die Brust

腿
das Bein

手臂
der Arm

婴童
das Baby

男人
der Mann

女人
die Frau

女孩
das Mädchen

男孩
der Junge

头
der Kopf

背部
der Rücken

肚子
der Bauch

肚脐
der Nabel

脚趾
der Zeh

脚后跟
die Ferse

骨头
der Knochen

臀部
die Hüfte

膝盖
das Knie

手肘
der Ellenbogen

鼻子
die Nase

屁股
das Gesäß

皮肤
die Haut

脸颊
die Wange

耳朵
das Ohr

嘴唇
die Lippe

嘴
der Mund

牙齿
der Zahn

舌头
die Zunge

脑
das Gehirn

心脏
das Herz

肌肉
der Muskel

肺
die Lunge

肝脏
die Leber

胃
der Magen

肾脏
die Nieren

性交
der Geschlechtsverkehr

避孕套
das Kondom

卵子
die Eizelle

精子
das Sperma

怀孕
die Schwangerschaft

月经

die Menstruation

阴道

die Vagina

阴茎

der Penis

眉毛

die Augenbraue

头发

das Haar

脖子

der Hals

医院
das Krankenhaus

救护车
der Krankenwagen

轮椅
der Rollstuhl

骨折
der Bruch

医生
der Arzt

急诊室
die Notaufnahme

护士
die Krankenschwester

紧急情况
der Notfall

昏迷
ohnmächtig

痛
der Schmerz

受伤

die Verletzung

出血

die Blutung

心脏病发作

der Herzinfarkt

中风

der Schlaganfall

过敏

die Allergie

咳嗽

der Husten

发烧

das Fieber

流感

die Grippe

腹泻

der Durchfall

头痛

die Kopfschmerzen

癌症

der Krebs

糖尿病

die Diabetis

外科医生

der Chirurg

手术刀

das Skalpell

手术

die Operation

CT

das CT

X光

das Röntgen

超声波

das Ultraschall

口罩

die Maske

疾病

die Krankheit

候诊室

das Wartezimmer

拐杖

die Krücke

石膏

das Pflaster

绷带

der Verband

注射

die Injektion

听诊器

das Stethoskop

担架

die Trage

体温计

das Thermometer

出生

die Geburt

超重

das Übergewicht

助听器

das Hörgerät

消毒液

das Desinfektionsmittel

感染

die Infektion

病毒

das Virus

艾滋病

das HIV / AIDS

药物

die Medizin

接种疫苗

die Impfung

药片

die Tabletten

药丸

die Pille

急救电话

der Notruf

血压计

das Blutdruck-Messgerät

生病/健康

krank / gesund

救命！

Hilfe!

警报

der Alarm

突击

der Überfall

攻击

der Angriff

危险

die Gefahr

紧急出口

der Notausgang

着火啦！

Feuer!

灭火器

der Feuerlöscher

意外

der Unfall

急救箱

der Erste-Hilfe-Koffer

呼救信号

SOS

警察

die Polizei

欧洲

das Europa

北美洲

das Nordamerika

南美洲

das Südamerika

非洲

das Afrika

亚洲

das Asien

澳洲

das Australien

大西洋

der Atlantik

太平洋

der Pazifik

印度洋

der Indische Ozean

南冰洋

der Antarktische Ozean

北冰洋

der Arktische Ozean

北极

der Nordpol

南极

der Südpol

南极洲

die Antarktis

地球

die Erde

陆地

das Land

海

das Meer

岛

die Insel

国家

die Nation

国家

der Staat

钟面

das Zifferblatt

时针

der Stundenzeiger

分针

der Minutenzeiger

秒针

der Sekundenzeiger

现在几点？

Wie spät ist es?

天

der Tag

时间

die Zeit

现在

jetzt

电子表

die Digitaluhr

分

die Minute

时

die Stunde

周

die Woche

周一
der Montag

周二
der Dienstag

周三
der Mittwoch

周四
der Donnerstag

周五
der Freitag

周六
der Samstag

周日
der Sonntag

昨天

gestern

今天

heute

明天

morgen

早晨

der Morgen

中午

der Mittag

晚上

der Abend

工作日

die Arbeitstage

周末

das Wochenende

das Jahr

雨
der Regen

彩虹
der Regenbogen

雪
der Schnee

风
der Wind

春
der Frühling

秋
der Herbst

夏
der Sommer

冬
der Winter

天气预报

die Wettervorhersage

温度计

das Thermometer

阳光

der Sonnenschein

云

die Wolke

雾

der Nebel

潮湿

die Luftfeuchtigkeit

闪电
....
der Blitz

打雷
....
der Donner

风暴
....
der Sturm

冰雹
....
der Hagel

季风
....
der Monsun

洪水
....
die Flut

冰
....
das Eis

一月
....
der Januar

二月
....
der Februar

三月
....
der März

四月
....
der April

五月
....
der Mai

六月
....
der Juni

七月
....
der Juli

八月
....
der August

九月

der September

十月

der Oktober

十一月

der November

十二月

der Dezember

形状

die Formen

圆形

der Kreis

正方形

das Quadrat

长方形

das Rechteck

三角形

das Dreieck

球体

die Kugel

立方体

der Würfel

白

weiß

黄

gelb

橙

orange

粉

pink

红

rot

紫

lila

蓝

blau

绿

grün

棕

braun

灰

grau

黑

schwarz

很多/少许

viel / wenig

生气/平静

wütend / friedlich

美/丑

hübsch / hässlich

首/尾

der Anfang / das Ende

大/小

groß / klein

明/暗

hell / dunkel

兄弟/姐妹

er Bruder / die Schwester

干净/肮脏

sauber / schmutzig

完整/缺失

vollständig / unvollständig

白天/晚上

der Tag / die Nacht

死/生

tot / lebendig

宽/窄

breit / schmal

可食用/非食用

genießbar / ungenießbar

邪恶/善良

böse / freundlich

兴奋/无聊

aufgeregt / gelangweilt

胖/瘦

dick / dünn

第一/最后

zuerst / zuletzt

朋友/敌人

der Freund / der Feind

满/空

voll / leer

硬/软

hart / weich

重/轻

schwer / leicht

饿/渴

der Hunger / der Durst

生病/健康

krank / gesund

非法/合法

illegal / legal

聪明/愚笨

intelligent / dumm

左/右

links / rechts

近/远

nah / fern

新/旧

neu / gebraucht

没有/有些

nichts / etwas

老/幼

alt / jung

开/关

an / aus

打开/合上

offen / geschlossen

安静/吵闹

leise / laut

富/穷

reich / arm

对/错

richtig / falsch

粗糙/光滑

rau / glatt

伤心/高兴

traurig / glücklich

短/长

kurz / lang

慢/快

langsam / schnell

湿/干

nass / trocken

温暖/凉爽

warm / kühl

战争/和平

der Krieg / der Frieden

数字

die Zahlen

0

零
....
null

1

一
....
eins

2

二
....
zwei

3

三
....
drei

4

四
....
vier

5

五
....
fünf

6

六
....
sechs

7

七
....
sieben

8

八
....
acht

9

九
....
neun

10

十
....
zehn

11

十一
....
elf

12

十二
....
zwölf

13

十三
....
dreizehn

14

十四
....
vierzehn

15

十五
....
fünfzehn

16

十六
....
sechzehn

17

十七
....
siebzehn

18

十八
....
achtzehn

19

十九
....
neunzehn

20

二十
....
zwanzig

100

百
....
hundert

1.000

千
....
tausend

1.000.000

百万
....
million

数字 - die Zahlen

英语
....
Englisch

美式英语
....
Amerikanisches Englisch

普通话
....
Chinesisch Mandarin

印地语
....
Hindi

西班牙语
....
Spanisch

法语
....
Französisch

阿拉伯语
....
Arabisch

俄语
....
Russisch

葡萄牙语
....
Portugiesisch

孟加拉语
....
Bengalisch

德语
....
Deutsch

日语
....
Japanisch

我

ich

你

du

他/她/它

er / sie / es

我们

wir

你们

ihr

他们

sie

谁？

wer?

什么？

was?

怎样？

wie?

哪里？

wo?

什么时候？

wann?

名字

Name

后面

hinter

里面

in

前面

vor

上方

über

上面

auf

下面

unter

旁边

neben

中间

zwischen

地点

der Ort